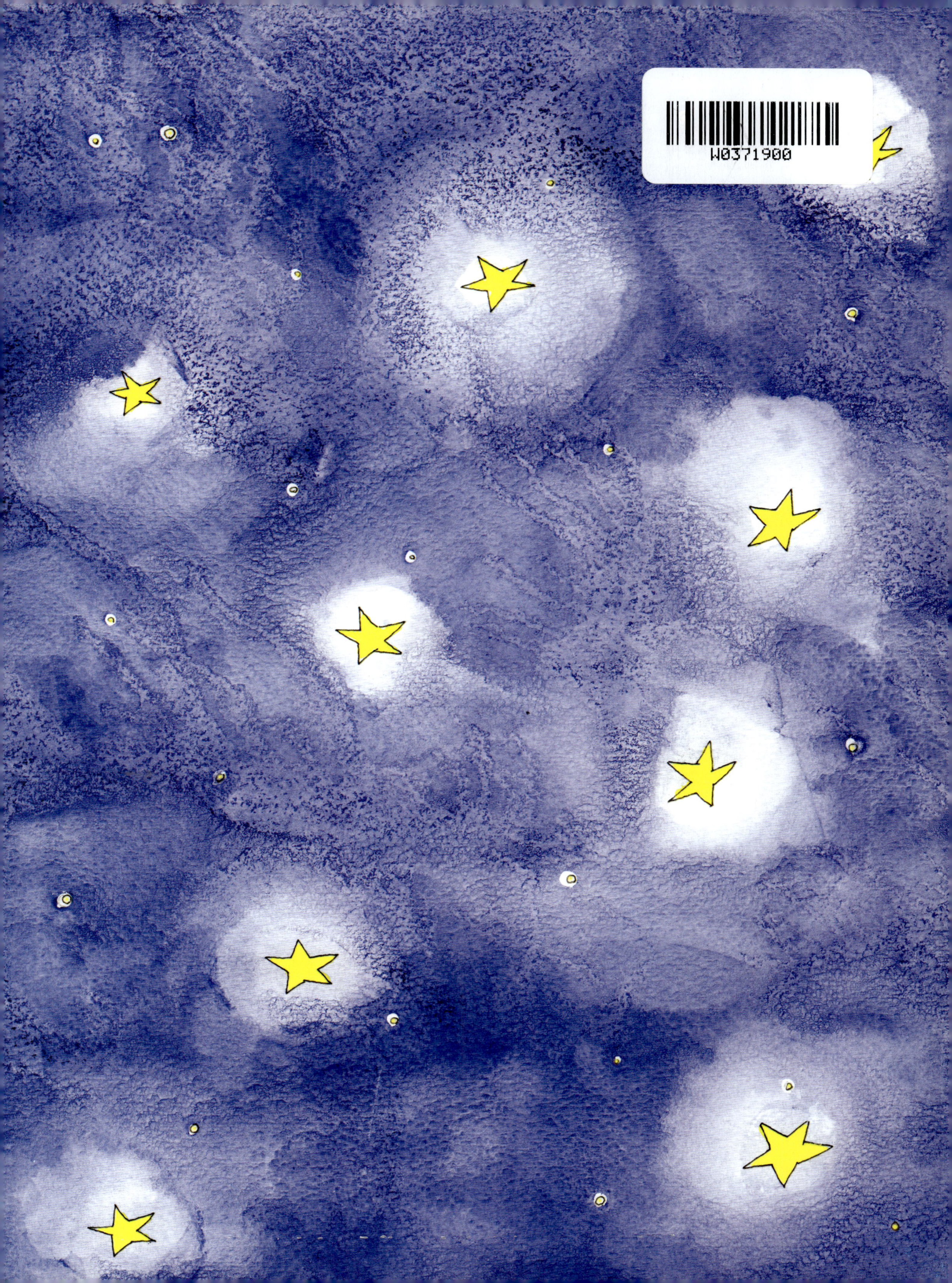

Text: Matthias Meyer-Göllner
Redaktion: Judith End
Illustrationen: Ines Rarisch
Grafische Bearbeitung: Hanna Wienberg
Druck: Proost NV, Belgien
Die Deutsche Bibliothek – CIP-Einheitsaufnahme
ISBN 978-3-8337-2149-6

Zu diesem Buch ist die CD „Herbstleuchten und Laternenfest. Lieder unterm Sternenhimmel“
im Verlag JUMBO Neue Medien & Verlag GmbH erschienen (ISBN 978-3-8337-1648-5).

Matthias Meyer-Göllner • Ines Rarisch

Herbstleuchten und Laternenfest

Lieder, Geschichten, Bastelideen,
Rezepte und Wissenswertes
unterm Sternenhimmel

JUMBO

„Was ist der Herbst?“

fragt das kleine Eichhörnchen verschiedene Tiere seiner Umgebung und erhält viele verschiedene Antworten. Auch der Herbst selbst hält sehr viele Antworten bereit. Er trägt ein buntes Blätterkleid und singt und erzählt mit vielen Stimmen: Der Wind in den Bäumen, der Regen am Fenster, das Knistern des Martinsfeuers, das Singen der Laternenkinder. Der Herbst bringt uns das Laternenfest, wir feiern Sankt Martin und immer spielen Lichter eine wichtige Rolle. Lichter, die wir selbst in der Hand haben in Form von Laternen oder Taschenlampen, aber auch Lichter, die wir im Herbst viel besser beobachten können als zu anderen Jahreszeiten: Die Sterne.
In der Nacht der Sternschnuppen im August sichere ich mir oft einen guten Beobachtungsplatz, um die vielen kleinen „Erleuchtungen“ des Himmels zu betrachten. Das ist zwar noch mitten im Sommer, aber es weckt bei mir schon ein bisschen die Vorfreude auf den Herbst.
Tatsächlich, ich muss es zugeben: Ich bin ein Freund des Herbstes. Die Klänge, die Farben und vor allem der Geruch bereiten mir großes Vergnügen. Deshalb nehme ich auch an vielen Laternenfesten teil und spiele gern mit klammen Fingern im Laternenumzug Gitarre. Zum Glück gibt es hinterher meist einen heißen Punsch und manchmal sogar ein wärmendes Feuer.
Diese Erlebnisse und Gefühle sind eingegangen in die Lieder und Geschichten dieses Buches. Ich hoffe, dass sie zum Gelingen eines schönen, bunten Herbstfestes beitragen können. Damit so ein Fest noch besser gelingt, habe ich Rezepte und Basteltipps aufgenommen, die sich mit Kindern gut durchführen lassen.

Vielen Dank sage ich Britta Behrens, Barbara Wieben und Imken Göllner für die Unterstützung dabei.
Informationen zu Martin von Tours und ein richtiges Sternenhimmelposter geben schließlich noch die Gelegenheit, sich eingehender mit diesen Themen zu beschäftigen.
Ich hoffe, dass die Lieder gesungen, die Geschichten erzählt und die Anregungen umgesetzt werden und so den Herbst zu einem noch schöneren Erlebnis werden lassen. Ich wünsche allen Kindern, Eltern, Großeltern und pädagogischen Teams beim Ausprobieren viel Freude.
Und hoffentlich finden sich noch viele spannende Antworten auf die Frage:
Was ist der Herbst?

Inhalt

Was ist der Herbst?

Wie ein roter Blitz hüpft das kleine Eichhörnchen durch die Bäume. Es schwingt sich waghalsig von einem Wipfel zum nächsten. Dann klettert es an einem Baumstamm hinunter, macht einen riesigen Sprung, bei dem sein Schwanz in der Sonne leuchtet, und landet schließlich in einem großen bunten Blätterhaufen direkt vor den Füßen der Eichhörnchenmama.
Doch die schaut ihr Kind streng an. „Ich habe dir doch gesagt, dass du anfangen sollst Nüsse zu vergraben! Stattdessen tobst du hier immer noch in den Bäumen herum."
„Aber warum soll ich die Nüsse denn vergraben, Mama? Die schmecken doch so gut. Da fresse ich sie lieber gleich!" Das Eichhörnchenkind schüttelt sich ein paar kleine Blätter aus dem Fell.
„Natürlich. Du sollst sie ja auch fressen, aber erst später, im Winter. Dann findest du nämlich draußen kein Futter mehr, sondern nur in deinen eigenen Verstecken. Und weil es jetzt Herbst wird, musst du langsam damit anfangen. Sonst verhungerst du im Winter."
„Was ist der Herbst?", fragt das Eichhörnchenkind.
„Der Herbst ist eine … der Herbst ist dann, wenn … also im Herbst …", stottert die Eichhörnchenmama. In diesem Moment krabbelt das Eichhörnchenkind aus dem raschelnden Blätterhaufen. „Der Herbst ist das Rascheln der Blätter!", sagt die Mutter erleichtert.
„Das Rascheln der Blätter? Das soll der Herbst sein? Das glaube ich nicht!", sagt das Eichhörnchenkind frech und springt wieder davon.

Als es gerade auf den nächsten Baum klettern will, stößt es mit der Pfote gegen etwas Stacheliges. „Aua, das piekt aber!“, ruft es. „He, pass doch mal auf,“, sagt das stachelige Ding. Dabei kommt eine Schnauze aus den Stacheln zum Vorschein, die gerade einen Regenwurm verspeist.
„Nanu, das Pieksdings kann sprechen!“, wundert sich das kleine Eichhörnchen. „Und sogar fressen.“ Das Eichhörnchen schüttelt den Kopf „Du sollst jetzt nicht fressen, weil du sonst im Winter verhungerst. Du musst dein Fressen verstecken!“
„Quatsch!“ Die kleinen Knopfaugen sehen das Eichhörnchen an. „Ich schlafe im Winter. Ich bin doch ein Igel! Damit ich im Frühling wieder aufwache, muss ich im Herbst ganz viel fressen.“
„Was ist der Herbst?“, fragt das Eichhörnchen.
„Der Herbst, na, das weiß doch jeder. Der Herbst ist … also … ich würde sagen …“ Der Igel blickt verlegen zum Himmel, aus dem ihm ein Regentropfen auf die Nase fällt. „Der Herbst ist, wenn der Regen auf den Boden trommelt!“
Der Igel seufzt. „Meine Mama sagt, der Herbst ist das Rascheln der Blätter!“
„Natürlich, ja, auch … also von mir aus: Der Herbst ist das Rascheln der Blätter und das Trommeln des Regens auf dem Boden!“, sagt der Igel schnell. „Aber entschuldige mich jetzt bitte, ich muss weiter futtern.“ Und dann stürzt er sich auf eine Spinne, die gerade vorbeikrabbelt.
„Der Herbst ist das Rascheln der Blätter und das Trommeln des Regens? Das glaube ich nicht!“, sagt das Eichhörnchen und klettert auf einen Baum.

In den Ästen sitzt eine Nachtigall und flattert aufgeregt mit den Flügeln. Der Regen wird etwas stärker und der kleine Vogel schüttelt sich jedes Mal, wenn ein Tropfen sein Gefieder trifft. Zwischendurch lässt er ein paar Töne seines berühmten Gesanges ertönen.
„Du Gesangskünstler! Du musst Nüsse vergraben, sonst verhungerst du im Winter!", keckert das Eichhörnchen.
„Ich brauche keinen Wintervorrat! Ich fliege in den Süden. Da ist es warm und es gibt genug zu fressen," entgegnet die Nachtigall aufgeregt. „Aber dafür darf ich den Abflugtermin nicht verpassen. Ich muss losfliegen, bevor der Herbst da ist."
„Was ist der Herbst?"
„Der Herbst, tja, das ist so eine Sache mit dem Herbst … der Herbst ist …" In diesem Moment erfasst eine heftige Windböe die Äste und sie schwanken bedrohlich.
„Der Herbst ist der Wind in den Bäumen!"
„Der Igel hat aber gesagt, der Herbst ist, wenn der Regen auf den Boden trommelt, und Mama hat gesagt, der Herbst ist das Rascheln der Blätter!"
„Von mir aus: Der Herbst ist das Rascheln der Blätter und das Trommeln des Regens auf die Erde und der Wind in den Bäumen und … wenn ich schon lange auf dem Weg nach Afrika bin!" Mit diesen Worten beginnt der kleine, unscheinbare Vogel mit den Flügeln zu flattern. Dann erhebt er sich in die Luft und schließt sich einer Gruppe vorbeiziehender Nachtigallen an.
„Der hat's gut!", denkt das Eichhörnchen, „… braucht keine Vorräte zu sammeln."
Es sieht dem kleinen Zugvogelschwarm einen Moment lang sehnsüchtig hinterher.
„Aber der Herbst soll das Rascheln der Blätter sein und das Trommeln des Regens auf der Erde und der Wind in den Bäumen?",

überlegt es, während es vom Baum klettert, „das glaube ich nicht!“
Der Regen wird jetzt immer stärker. Der Wind bläst in das feuchte Fell des kleinen Eichhörnchens und es beginnt zu frieren. Da nimmt es eine Nuss und legt sie in ein kleines Versteck am Boden. Dann sucht es nach der nächsten Nuss. Als es die dritte Nuss verscharren will, kommt die Eichhörnchenmutter vorbei.
„Prima. Das ist gut, dass du dich jetzt um die Vorräte kümmerst“, sagt sie.
„Mama, ich habe immer noch nicht genau verstanden, was der Herbst ist. Du hast gesagt, der Herbst ist das Rascheln der Blätter. Der Igel hat gesagt, der Herbst ist das Trommeln des Regens auf der Erde. Und die Nachtigall hat gesagt, Herbst ist der Wind in den Bäumen! Was ist denn nun der Herbst?“
„Pass mal auf: Wenn alles zusammenkommt, der Igel sich seinen Winterspeck anfrisst und die Vögel zum Flug in den Süden aufbrechen, dann ist Herbst!“, erklärt ihm die Mutter.
„Und wenn ein kleines Eichhörnchenkind anfängt seine Nussverstecke für den Winter anzulegen!“, sagt das Eichhörnchenkind stolz, lässt seine kleine Nusssammlung in der Erde verschwinden und deckt sie sorgfältig zu.

Dies ist eine Mitmachgeschichte. Immer wenn die Tiere in der Geschichte von den Herbstgeräuschen sprechen, machen wir sie als Hintergrundgeräusch. Beim Rascheln der Blätter reiben wir die Handflächen aneinander. Wenn der Regen auf die Erde trommelt, machen wir dieses Geräusch mit den Fingern auf dem Boden. Und wenn der Wind durch die Bäume bläst, pusten wir kräftig durch die Hände.

Herbstmelodie

2. Ich pfeif mit dem Wind so wie sie –
meine kleine Herbstmelodie.
Stapf ich durch die Pfützen klingt's wie –
meine kleine Herbstmelodie.
Im Laub wühlen macht Spaß wie nie –
meine kleine Herbstmelodie.

REFRAIN

3. Komm, pfeif mit dem Wind so wie sie –
meine kleine Herbstmelodie.
Stapf mit durch die Pfützen, klingt wie –
meine kleine Herbstmelodie.
Wühl mit mir im Laub wie noch nie –
meine kleine Herbstmelodie.

Geräusche des Herbstes

Zur Herbstmelodie spielst du die Geräusche des Herbstes. Hier sind ein paar Vorschläge für Instrumente, die gut passen:

Wind – kleiner Sirenenheuler oder Heulschlauch
Regen – Regenmacher
Blätter – Reiben auf einem Trommelfell, Papierstreifen schütteln

In jeder Strophe treten die Geräusche zunächst einzeln auf:

„Der Wind in den Bäumen …“ – pfeifen, heulen mit dem Sirenenheuler
„Der Regen am Fenster …“ – Regenmacher spielen, mit den Fingern auf die Tischplatte trommeln.

„Das Rascheln der Blätter …“ – Die Hände auf dem Trommelfell reiben und mit den Papierstreifen rascheln

Anschließend spielen alle gemeinsam und kräftig ihre Instrumente:

„Wenn du hinausgehst und mitten im Wind stehst,
wenn du dir anschaust, wie alles herumsaust …“

Am Ende der Strophe werden alle wieder leise:

„… und selber ganz still bist, dann hörst du sie: …“

Herbstleuchten

2. Alle, die zum Himmel seh'n,
zählen, wie viel Sternlein steh'n,
Sternenkinder lassen ein Herbstlicht leuchten.
Alle Taschenlampen, die
mit 'ner vollen Batterie,
Leuchtekinder lassen ein Herbstlicht leuchten.
Alle mit Laternenlicht
zeigen uns ihr Mondgesicht,
Lichterkinder lassen ein Herbstlicht leuchten.
Alle, die jetzt Feuerzeuge bräuchten,
Herbstkinder lassen den Herbst leuchten!

3. Alle, die an Halloween
abends um die Häuser ziehn,
Gruselkinder lassen ein Herbstlicht leuchten.
Alle, die mit weißem Kleid
Lust haben auf Gespensterzeit,
Geisterkinder lassen ein Herbstlicht leuchten.
Alle, die das Lichterfest
vor Freude kaum noch schlafen lässt,
Partykinder lassen ein Herbstlicht leuchten.
Alle, die 'ne Lichterparty bräuchten,
Herbstkinder lassen den Herbst leuchten.

4. Gelbrote Blätter, Abendrotwetter,
Kürbislaterne, glitzernde Sterne,
Herbstlagerfeuer, Nachtungeheuer:
Alles, was die Herbstliebhaber bräuchten,
Herbstkinder lassen den Herbst leuchten.

Liedgestaltung: Lichtermeer

Im Herbst, wenn es abends wieder früher dunkel wird, leuchten viele Lichter. Mit dem Lied „Herbstleuchten" wird daraus eine Lichtermusik.
Alle Mitspieler benötigen eine Taschenlampe. Im Lied werden bestimmte Gruppen genannt, z. B. „alle, für die dieses Jahr ein wunderbarer Sommer war". Wer sich angesprochen fühlt, schaltet sein Licht ein und wartet ab, ob die nächste Liedzeile auch stimmt. Falls nicht, geht das Licht wieder aus.

So entsteht ein ständig wechselndes Lichtermeer. Nur am Ende jeder Strophe, wenn es heißt „Herbstkinder lassen den Herbst leuchten", gehen alle Lichter an. Wenn ihr das Lichtermeer-Spiel beim Laternenfest spielen wollt, könnt ihr die Laternen natürlich nicht ständig anzünden und auspusten. Stattdessen haltet ihr die leuchtenden Laternen hoch, wenn ihr euch angesprochen fühlt, und runter, wenn nicht. Am Ende halten alle ihre Laternen so hoch wie möglich.

Die Königskinder des Herbstes

Im Herbst kannst du mit allen Kindern zu Königskindern werden. Die Kronen dazu macht ihr euch aus Blättern. Sammelt dafür zunächst Ahornblätter, die im Herbst so schön bunt leuchten. Die Stiele knickt ihr vorsichtig ab, ohne dass die Blätter zerstört werden. Nun legt ihr zwei Blätter so übereinander, dass sie sich zur Hälfte bedecken. Mit zwei Stielen befestigt ihr die Blätter aneinander. Dort, wo die Blätter überlappen, stecht ihr mit einem Stiel vorsichtig hindurch. Einmal am unteren Rand, einmal am oberen. Passt auf, dass die Blätter dabei nicht reißen.
Am zweiten Blatt befestigt ihr nun das dritte, wieder mit zwei Stielen. Ihr braucht also mehr Stiele als Blätter. So entsteht eine Blätterkette. Wenn sie lang genug ist, verbindet ihr die beiden Enden wieder mit zwei Stielen. Und schon sind eure Blätterkronen fertig.

Um den Hals tragt ihr prunkvolle Herbstketten. Dafür braucht ihr Kastanien, Blätter und ein Stück Draht. Bittet einen Erwachsenen, mit einem Handbohrer Löcher in die Kastanien zu bohren. Dann fädelt ihr sie auf den Draht, immer abwechselnd mit bunten Blättern. In den Draht macht ihr an jedes Ende einen Haken, sodass ihr euch die Ketten um den Hals hängen könnt.

Sucht euch dicke Stöcke als Zepter und einen schönen, leuchtenden Apfel und dann begebt euch auf einen Spaziergang, bei dem die Königskinder gemeinsam mit Bäumen und Pflanzen, Tieren und Vögeln dem Herbst ihre Verehrung zeigen.

Wissen: Martin von Tours

Vor langer Zeit lebte ein junger römischer Soldat. Er hieß Martin und war ein eigenartiger Soldat. Er kämpfte nicht gerne, sondern ging viel lieber in die Kirche und betete. Trotzdem trug er wie jeder Soldat einen Soldatenmantel und ein Schwert.
Eines Tages, es war an einem bitterkalten Winterabend, erreichte Martin die Stadtmauer einer Stadt in Frankreich. Am Straßenrand saß ein Mann, der kaum mehr als ein paar Stofffetzen am Körper trug. Er bat die vorbeikommenden Menschen um Hilfe, aber niemand hörte ihn. Martin hatte nichts bei sich, was er dem Bettler hätte geben können. Er hatte nur seinen Mantel und sein Schwert. Deshalb stieg er von seinem Pferd, nahm seinen Mantel ab und zerteilte ihn mit dem Schwert. Die eine Hälfte gab er dem armen Mann. In die andere Hälfte hüllte er sich selbst.
Ein paar Jahre später trat Martin aus der Armee aus und wurde Priester. Er lebte in einem Kloster und half den Menschen, die in Not waren. Vielen konnte er gute Ratschläge geben, sodass er bei allen Menschen sehr beliebt war.
Als in der Stadt Tours ein neuer Bischof gesucht wurde, wünschten sich viele Menschen Martin für dieses Amt. Martin war von der Idee nicht begeistert. Er fürchtete, nicht gut genug für das Amt des Bischofs zu sein, und versteckte sich deshalb in einem Gänsestall. Doch die Gänse schnatterten so laut, dass die Menschen ihn fanden und ihn zum Bischof weihen konnten.
Auch als Bischof setzte sich Martin weiter für die Armen und Kranken ein. Einmal legte er sich eine ganze Winternacht lang vor das Tor einer Burg auf den Boden. In der Burg waren Menschen gefangen, die am nächsten Tag getötet werden sollten. Martin blieb so lange liegen, bis die Menschen freigelassen wurden.
Martin wurde sehr alt und starb erst mit 81 Jahren. Sehr viele Menschen weinten an diesem 11. November 397 bei seiner Beerdigung. Für seine barmherzigen Taten wurde Martin später heilig gesprochen. Noch heute feiern wir jedes Jahr am 11. November den Tag, an dem die Bevölkerung von Tours Abschied von Martin nahm. Heute ist es Brauch am Martinstag mit leuchtenden Laternen durch die Straßen zu ziehen.
In manchen Familien gibt es auch eine Martinsgans als Festessen.

Basteln: Martinskollage

Wie hat Sankt Martin ausgesehen?
Du kannst probieren, dir ein Bild von ihm zu machen. Du brauchst dafür:

- ein großes Blatt Papier
- Buntstifte
- Alufolie
- ein Stück Stoff

Zunächst malst du mit einem schwarzen Stift die Umrisse von Sankt Martin auf das Papier: den Körper mit der Rüstung, dem Helm und dem Mantel. In der Hand hält er ein Schwert. Dann schneidest du aus der Alufolie passende Stücke aus. Ein Stück klebst du auf die Rüstung, ein kleineres auf den Helm und ein längliches auf das Schwert. Nun glänzen diese Teile wie richtiges Silber.
Das Stück Stoff schneidest du so aus, dass es auf den Mantel passt, und klebst es fest.
Mit den Buntstiften malst du die anderen Körperteile aus.
Wie sieht dein Sankt Martin jetzt aus? Lächelt er freundlich? Friert er ein bisschen vor Kälte? Oder sieht sein Gesicht nachdenklich aus?
Wenn du möchtest, male und schneide noch weitere Figuren oder Tiere aus, die in der Geschichte von Sankt Martin vorkommen. Zum Beispiel Gänse, Pferde oder den Bettler. Klebst du sie auch auf das Bild, wird eine richtige Kollage daraus.

Sankt Martin

Mit einem Kapodaster im 3. Bund können die Akkorde in Klammern gespielt werden.

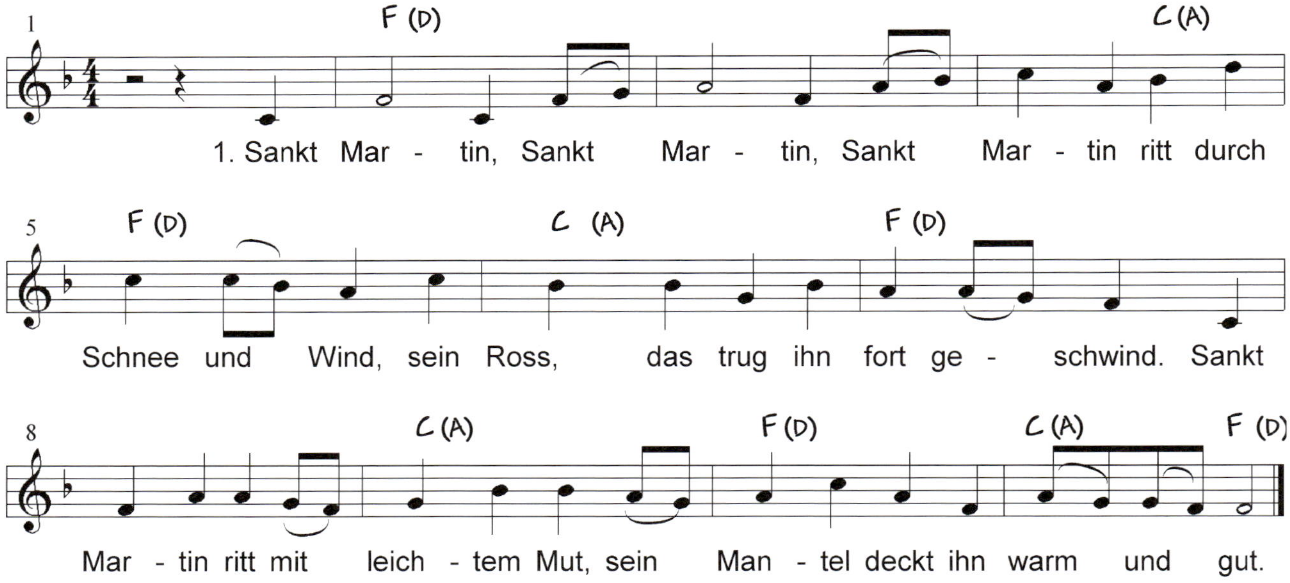

2. Im Schnee saß, im Schnee saß,
im Schnee da saß ein armer Mann,
hatt Kleider nicht, hatt Lumpen an.
„Oh, helft mir doch in meiner Not,
sonst ist der bitt're Frost mein Tod."

3. Sankt Martin, Sankt Martin,
Sankt Martin zog die Zügel an,
sein Ross stand still beim armen Mann.
Sankt Martin mit dem Schwerte teilt
den langen Mantel unverweilt.

4. Sankt Martin, Sankt Martin,
Sankt Martin gab den Halben still;
der Bettler rasch ihm danken will.
Sankt Martin aber ritt in Eil
hinweg mit seinem Mantelteil.

Nur ein leises Klingeln

Es ist nur ein leises Klingeln, das Luisa aufhorchen lässt. Zwischen all den Gesprächsfetzen, rufenden Obstverkäufern, kullernden Kartoffeln, klackernden Schuhen, raschelnden Tüten und dem Lärm der nahen Straße, ist das Geräusch auf dem Marktplatz kaum wahrnehmbar. Scheinbar ist Luisa die Einzige, die es bemerkt hat. Neugierig suchen ihre Augen den Boden zwischen den Marktständen ab. Gerade als sie die Münze zwischen all den eiligen Füßen entdeckt, schiebt sich ein gelber Turnschuh darüber. Der Fuß, der darin steckt, gehört zu einem Bein in einer blauen Jeans. Verstohlen blickt sich der Junge um. Seine Hände stecken in den Taschen seiner weißen Jacke. Die Kapuze hat er sich über den Kopf gezogen, sodass Luisa sein Gesicht kaum erkennen kann. Verstohlen blickt er sich um. Ob er Luisa bemerkt hat?

In diesem Moment wird ihre Aufmerksamkeit abgelenkt: Am Ende des Weges hockt ein Mann auf dem Boden. Vor ihm liegt eine Dose. Die vorbeieilenden Menschen sieht er flehend an, aber er sagt nichts. Seine Hände stecken in fingerlosen Handschuhen. Sein Atem steht vor ihm in der Luft wie eine kleine Wolke. Eine ältere Frau geht vorbei und sieht schnell in eine andere Richtung. Ein Mann bleibt stehen, sieht auf die Uhr und geht dann eilig weiter.

Als Luisa sich wieder der Münze und dem gelben Turnschuh zuwenden will, sind beide verschwunden. Auf der anderen Seite des Weges kann sie eine weiße Kapuze erkennen, kurz bevor diese um einen großen Gemüsestand biegt. Luisa nimmt die Verfolgung auf, aber als sie den Stand erreicht, fehlt von den gelben Turnschuhen, der weißen Kapuzenjacke und der Münze jede Spur.

Luisa überlegt. Was wird der Junge tun? Eine Münze, das können höchstens ein oder zwei Euro sein, wahrscheinlich weniger. Was wird er damit anfangen? Süßigkeiten? Möglich. Was würde sie damit anfangen? Das war völlig klar: Sie würde sofort in den Lottoladen vorne an der Ecke des Marktplatzes gehen und sich eine Tüte mit Fußballsammelbildern holen. Oder zwei, wenn das Geld reicht. Sie hat schon sieben Mannschaften in ihrem Sammelheft voll, bei dreien fehlt ihr nur noch ein Spieler. Und um mit Leon zu tauschen, braucht sie unbedingt neue Bilder.

So schnell sie kann, rennt Luisa zu dem kleinen Geschäft. Als sie es erreicht, ist der Junge tatsächlich gerade dabei, vier Tüten mit Fußballbildern zu bezahlen. Weil ihr in der Eile nichts besseres einfällt, ruft sie laut: „Halt! Das Geld gehört ihm gar nicht!" Der Verkäufer sieht sie fragend an.

„Es ist … es ist … er hat es … ich meine …“, stammelt Luisa.
„Ich habe das Geld gefunden, na und? Ist das etwa verboten?“, sagt der Junge ärgerlich.
„Nein, natürlich nicht.“ Der Verkäufer hält die Bilder immer noch fest in der Hand. Wie kann ich ihm nur erklären, was passiert ist, denkt Luisa angestrengt.
„Aber ich habe die Münze zuerst gesehen, eigentlich gehört sie mir,“ sagt sie schließlich und ihre Stimme klingt immer noch, als hätte sie gerade einen Tausendmeterlauf hinter sich.
„Und warum hast du sie dir dann nicht genommen?“, fragt der Verkäufer jetzt. Tja, denkt Luisa, warum eigentlich nicht. Da war dieser Mann, der auf dem Boden hockte, und da waren die Leute, die vorbeigingen. „Na ja, ich hab kurz weggesehen und dann kam er plötzlich.“ Luisa findet selbst, dass das nicht sehr überzeugend klingt.
„Das kann doch jeder sagen!“ Der Junge schielt auf die Bildertüten in der Hand des Verkäufers. „Ich habe die Münze auf jeden Fall zuerst gehabt!“
Da hat er leider recht, denkt Luisa. Was mache ich jetzt? Da kommt ihr eine Idee.
„Aber … irgendjemand hat sie doch fallen gelassen, eigentlich gehört sie doch demjenigen!“
„Weißt du denn, wer sie verloren hat?“, fragt jetzt wieder der Verkäufer. „Nein“, antwortet Luisa kleinlaut, „trotzdem darf er nicht einfach sagen, es wäre sein Geld.“
„Und warum nicht?“ Der Junge hat sich vor ihr aufgebaut und stützt sich mit den Händen in den Hüften ab. Luisa überlegt fieberhaft.
„Weil … weil, wenn etwas runterfällt, gehört es erst mal allen!“ So ganz sicher ist Luisa nicht, ob das stimmt, aber es reicht aus, um die anderen zunächst einmal zu verblüffen.

„Heißt das, ich soll die Münze mit allen hier teilen?“, fragt der Junge empört. „Weißt du, wie viel dann noch davon übrig bleibt? Nicht ein winziges Staubkorn!“
„Nein, du sollst sie nur mit mir teilen!“
„Aber du bist doch nicht alle!“
„Wenn ich mich noch mal kurz einmischen dürfte“, macht der Verkäufer auf sich aufmerksam. Er hält immer noch die Bildertüten in seiner Hand. „Teilt doch einfach untereinander und mit allen.“
Die beiden Kinder sehen den Mann entgeistert an. „Wie soll das denn gehen?“, fragt der Junge und Luisa findet zum ersten Mal, dass er etwas Vernünftiges gesagt hat.
„Na ja, ihr habt vier Tüten mit Bildern. Die eine Hälfte nehmt ihr für euch beide. Jeder bekommt eine Tüte.“
„Und was ist mit den andern beiden?“, will Luisa wissen.
„Die könnt ihr ja spenden. Für die Allgemeinheit.“
Luisa runzelt die Stirn. „Was soll denn die Allgemeinheit mit Fußballbildern?“
„Nicht die Bilder. Das Geld! Ich nehme zwei Tüten wieder zurück. Das Geld bekommt ihr wieder und dann könnt ihr es spenden.“ Er fummelt eine Münze aus seiner Kasse und hält sie den Kindern hin. Luisa findet, dass sich das gut anhört. So hat jeder etwas, der Junge und ich und alle anderen auch noch. Keine schlechte Sache, dieses Teilen. Und ein gutes Gefühl macht es auch.
„Moment“, sagt der Junge, „und was ist mit Ihnen?“ Er reibt mit einem gelben Turnschuh an seinem Hosenbein.
„Wie meinst du das, was soll mit mir sein?“
„Sie machen doch trotzdem ein Geschäft, weil sie uns immer noch zwei Tüten verkaufen. Sie müssen aber auch mit allen teilen!“
„Das stimmt! Er hat recht!“ Beide Kinder stehen jetzt direkt vor dem Verkaufstresen und sehen den Verkäufer herausfordernd an. Der überlegt einen Moment und muss dann lachen. „Na, ihr seid mir schlaue Spender.

Also gut, ich teile auch mit allen. Ihr braucht für eure beiden Tüten nur die Hälfte vom normalen Preis zu bezahlen. Die andere Hälfte geht mit in die Kasse für alle.“
Der Junge überlegt kurz. „Ich denke, das ist okay, was meinst du?“ Er blickt Luisa an und nimmt zum ersten Mal die Kapuze dabei ab.
„Einverstanden. So machen wir's.“
Der Verkäufer nimmt zwei Münzen aus seiner Kasse und gibt sie den beiden zusammen mit den Bildertüten. „Und wie kommt die Allgemeinheit jetzt an das Geld?“, fragt er dabei.
Luisa überlegt und sieht durch die Glastür am Eingang auf das Ende des Weges. Dort steht eine Dose auf dem Fußboden. Dahinter sitzt immer noch der Mann.
Wenn wir mit allen teilen, würden alle zusammen es demjenigen geben, der es am meisten braucht, denkt sie.
„Ich hätte da eine gute Idee“, sagt Luisa, nimmt das Geld und geht mit dem Jungen hinaus.

Reiter in der Nacht

Hörst du durch die Nacht den Reiter?
Schneesturm bläst ihm ins Gesicht.
Martin reitet immer weiter.
Sturm und Kälte stör'n ihn nicht.

2. Was ist das am Wegesrand?
Hebt da jemand eine Hand?
Was der wohl allein hier draußen macht,
in dieser kalten Nacht?

REFRAIN

3. Dieser Mensch wird gleich erfrier'n,
deshalb muss hier was passier'n.
Martin teilt den Mantel mit dem Schwert
und steigt von seinem Pferd.

Martin gibt die Hälfte ohne Wort
und ist schon wieder fort.

REFRAIN

Martinsmusik

Zwei Klänge gehören zur Martinsmusik: Das Geräusch des kalten Winterwindes und das Hufgetrappel seines Pferdes. Zwei Gruppen spielen die Martinsmusik: Die erste Gruppe hat Sirenenheuler, wie ihr sie manchmal für Luftballons benutzt. Diesmal pustet nicht der Luftballon hindurch, um einen Sirenenklang zu erzeugen. Das macht die Windgruppe.

Die zweite Gruppe hat Klanghölzer oder noch besser Kokosnussschalen. Damit spielt ihr das „Tock-teck-tock-teck-tock-teck-tock-teck".

Im Lied wechselt sich der Gesang mit den Instrumenten ab:

„Hörst du in der Nacht den Reiter?"
(*gesungen*)
Tock-teck-tock-teck-tock-teck-tock-teck
(*Klanghölzer*)
„Schneesturm bläst ihm ins Gesicht."
(*gesungen*)
Huuuiiiih! (*Sirenenheuler*)
„Martin reitet immer weiter." (*gesungen*)
Tock-teck-tock-teck-tock-teck-tock-teck
(*Klanghölzer*)
„Sturm und Kälte stör'n ihn nicht."
(*gesungen*)
Tock-teck-tock-teck-tock-teck-tock-teck
Huuuiih!
(*Sirenenheuler und Hölzer gemeinsam*)

In den kurzen Strophen spielen keine Instrumente. Am Ende des Liedes spielt ihr wieder Klanghölzer und Sirenenheuler gemeinsam und lasst sie langsam leiser werden. Dies klingt, als ob Martin in der kalten Winternacht verschwindet.

Der Laternenfisch

„Guck mal, fertig!“, ruft Justus und hält seine selbst gebastelte Laterne in die Höhe. Er hat sie aus gelbem und orangefarbenem Papier gemacht und deshalb leuchtet sie schon jetzt, ohne dass überhaupt ein Licht darin brennt. Stolz zeigt er den anderen Kindern im Kindergarten sein Werk.
„Is' ja gar kein echter Fisch!“, nörgelt Lena.
„Natürlich!“, sagt Justus, „das ist ein echter Laternenfisch.“
„Laternenfische gibt's doch gar nicht!“, erwidert das Mädchen und klebt einen weiteren Stachel auf ihre Igellaterne. „Hast du dir doch bloß ausgedacht.“
„Doch, es gibt Laternenfische, die leuchten im Dunkeln“, sagt Justus bestimmt.
„Gar nicht!“
„Doch!“
„Nein!“
„Doch. Und Igel, die leuchten, habe ich noch nie gesehen.“
„Is' ja auch egal. Aber Igel gibt es und Laternenfische nicht!“ Lena streckt Justus die Zunge raus.
Plötzlich hat Justus eine Riesenwut im Bauch. Er hat so lange an seinem Laternenfisch gearbeitet und es hat ewig gedauert, bis die doofen Schuppen nicht mehr abgefallen sind. Er spürt, wie sein Gesicht heiß wird und ihm Tränen in die Augen steigen.
„Laternenfische gibt es nicht, Laternenfische gibt es nicht.“ Lenas Singsang ist so laut, dass die anderen Kinder zu ihnen hinüberschauen.
Justus spürt, wie ihm eine Träne über die Wange läuft. Und weil alle Kinder es sehen können, wird er noch wütender.
„Heulfisch, Heulfisch, Laternenfische gibt es nicht, aber einen Heul … He, was soll das. Spinnst du?“ Justus hat seinen Laternenfisch auf Lenas Igel hinuntersausen lassen. Jetzt liegen Igelstacheln und Fischschuppen durcheinander auf dem Fußboden.
Lena starrt entsetzt auf ihren Laternenigel,

oder das, was von ihm übrig geblieben ist. „Hilfe, mein Igel! Claudia, Hilfe, Justus hat meinen Igel kaputt gemacht. HILFE!"
Claudia, die Erzieherin, kommt vom anderen Tisch herüber. „Was ist denn hier passiert?", fragt sie. Zuerst sieht sie die schreiende Lena an, dann den weinenden Justus und schließlich entdeckt sie die Reste der beiden Laternen. „Was habt ihr denn mit euren Laternen gemacht?", will sie wissen und Lena ruft: „Der blöde Heulfisch hat sie kaputt gemacht!"
„Ist das wahr. Justus?", fragt Claudia.
Natürlich ist das wahr, denkt Justus, und es ist ganz, ganz schrecklich, weil ich so lange an meinem Laternenfisch gebastelt habe, und jetzt war alles umsonst, und nur, weil Lena immer Heulfisch gerufen hat. Die blöde Ziege! Aber Justus sagt nur etwas wie „Grrrumpf!"
„Justus, warum hast du das gemacht?", fragt Claudia.
„Weil er einen blöden Laternenfisch gemacht hat!", ruft Lena dazwischen.
Weil ich den allerschönsten Laternenfisch gemacht habe, denkt Justus, und weil Lena so gemein war und behauptet hat, es würde keine Laternenfische geben, nur Igel.
Und ich gehe nie mehr in den Kindergarten. Heute ist mein letzter Tag hier und ich komme nie mehr wieder und ich sehe euch alle nie mehr wieder. Keine Lena, keine Claudia, keine Laternen …
Aber aus seinem Mund kommt wieder nur etwas wie „Grmmmbl!"
„Justus, nun sag doch mal, was los ist. Du kannst doch nicht einfach so Lenas Laterne kaputt machen und deine eigene noch dazu!"
Claudia hat beide Hände auf seine Schultern gelegt.
Einfach so, denkt Justus. Claudia, hast du vergessen, wie lange ich an meinem Laternenfisch gearbeitet habe? Hast du vergessen, wie schwierig es war, die ganzen

Schuppen auszuschneiden? Wie ich sie angeklebt habe und sie immer wieder runter gefallen sind, hast du das auch vergessen? Meinst du, den habe ich einfach so mal kaputt gemacht?
Aber die anderen hören nur so etwas wie „Krgchxx!"
„Justus, du musst schon mit uns reden, wenn wir das klären wollen", ermahnt ihn Claudia.
Justus will gerade etwas sagen wie „Schrrrrchgrx!", als plötzlich die Türglocke klingelt. Claudia sieht überrascht zur Tür, hinter der ein großer Mann steht. Und weil es ungewöhnlich ist, dass um diese Zeit große Männer an der Tür des Kindergartens stehen, sagt Claudia nur etwas wie „Grrmmbl!". Dann geht sie zur Tür, um nachzusehen.
Die Kinder haben ihre Laternen vergessen und gucken neugierig zu Claudia und dem großen Mann. Auch Lena und Justus haben ihren Streit und Justus sogar seine Fischlaterne für einen Moment vergessen, als Claudia mit dem Mann zurückkommt.
„Hallo, hört mal her. Dies ist Herr ... ich weiß noch gar nicht, wie Sie heißen", sagt Claudia.
„Ich heiße Wolfgang Junkers, aber ihr könnt Wollo zu mir sagen." Der große Mann lächelt die Kinder freundlich an.
„Er kommt vom Institut für Meereskunde und möchte uns zu einem Ausflug ins Aquarium einladen", erklärt Claudia.
Ins Aquarium?, fragt sich Justus. Müssen wir da alle Taucheranzüge anziehen?
„Keine Angst. Ihr müsst dabei nicht tauchen", sagt Wollo jetzt, als ob er Justus' Gedanken erraten hätte. „Das Wasser befindet sich bei uns hinter dicken Glasscheiben, sodass wir die ganze Unterwasserwelt gut von außen beobachten können. Da gibt es viele tolle Fische und Meeresbewohner. Große, kleine, bunte und glitzernde, leuchtende ..."
„Laternenfische?"
Justus hat genau das Gleiche gedacht, aber gesagt hat es jemand anderes.
Bloß wer?

„Es gibt Fische, die man kleine Nachtlaternchen nennt. Die leuchten nur, wenn du mit deinem Arm durchs Wasser fährst. Und es gibt Tintenfische, die leuchtende Flüssigkeit ausspucken. Ganz tief unten im Meer gibt es viele leuchtende Tiere …"
Auch Wollos Augen leuchten nun vor Begeisterung.
„Auch Laternenfische?", fragt wieder dieselbe Stimme und jetzt sieht Justus, dass es Carla war, die gefragt hat. Sie hat doch die ganze Zeit an ihrer Laterne gebastelt. Hat sie dabei überhaupt zugehört?, denkt Justus.
„Natürlich haben wir auch Laternenfische", antwortet Wollo. „Sie können mit ihren Augen leuchten. Richtige Unterwasserlichter machen die. Wir haben im Aquarium ein kleines Korallenriff nachgestellt, da könnt ihr auch den Laternenfisch sehen. Genau genommen sind es siebenunddreißig, denn einzeln kommen die Laternenfische eigentlich nie vor. Was meint ihr, habt ihr Lust auf einen Besuch im Institut für Meereskunde?"
In diesem Moment fühlt sich Justus wie ein Geburtstagkind. Als hätte Wollo ihm gerade seinen größten Wunsch, eine echte Spielfiguren-Ritterburg, erfüllt. Er rennt auf den großen Mann zu und umklammert seine Beine ganz fest. Und diesmal kommt aus seinem Mund genau das, was er auch denkt. „Ja, natürlich wollen wir!"
Als Nächstes rennt auch Carla auf Wollo zu und die anderen Kinder machen es ihnen nach. Und als am Schluss der große Mann unter einem Knäuel von Kindern kaum noch zu sehen ist, rennt auch Lena zu ihm, umarmt ihn und ruft: „Ja, ja!"
Claudia ist ein bisschen überrascht, dass die Kinder so begeistert sind, aber sie freut sich darüber und vereinbart mit Wollo einen Besuch im Aquarium. Gleich nächste Woche. Justus sammelt die Einzelteile der beiden Laternen fein säuberlich wieder ein und denkt: Bestimmt habe ich sie bis zur nächsten Woche wieder ganz. Aber aus seinem Mund kommt nur ein leises „Ufff!"

Wissen: Laternenfische

Laternenfische gibt es tatsächlich. Es handelt sich dabei sogar um eine ganze Familie mit über 30 Gattungen und weit mehr als 200 Arten. Sie leben in allen Weltmeeren und verdanken ihren Namen ihren Leuchtorganen.
Diese Leuchtorgane strahlen blaues, grünes oder gelbes Licht aus. Sie befinden sich in Reihen entlang des Körpers und auf dem Kopf der Fischs. Manche Arten haben scheinwerferähnliche Leuchtorgane in der Nähe der Augen. Sogar an der Unterseite der Flossen haben manche Arten Leuchtorgane. Man nimmt an, dass die Leuchtorgane beim Finden der Partners und beim Zusammenhalt des Schwarms eine Rolle spielen.
Laternenfische leben in der Tiefsee.
Am Tag halten sie sich zwischen 300 und 1200 Metern tief im Wasser auf. Bei Sonnenuntergang steigen die Tiere dann höher und schwimmen zwischen 10 und 100 Metern unter der Wasseroberfläche. Die Fische folgen dabei der Wanderung des Zooplankton, von dem sie sich ernähren. Bei Tagesanbruch schwimmen sie wieder in die Tiefe.

Laternenrock

Das ist der Hiphaphop-
Laternenrock.
Laternen schaukeln um den Block
und leuchten in den Wald:
Da sehn uns alle Tiere bald,
und singen mit uns, dass es schallt.

2. Mir wird ganz schön mulmig
draußen vor dem Haus.
Oh, liebe Laterne,
bitte geh nicht aus!

Auch nicht beim Hiphaphop …

3. Kinder mit Laternen
leuchten hell und weit,
und sie singen gerne,
wenn die Eule schreit.

Hiphaphop …

4. Wenn wir leise singen,
klingt das wunderschön,
doch ein bisschen lauter,
kann ich sehr gut verstehn.

So klingt der Hiphaphop …

5. Wenn wir zu doll tanzen,
gehn Laternen aus,
Papa gibt mir seine,
denn er flippt grad aus.

Er tanzt den Hiphaphop …

Basteln: Fischlaterne

Für die Fischlaterne brauchst du:
- einen birnenförmigen Luftballon
- Kleister
- buntes Transparentpapier
- etwas Tonpapier
- Draht
- einen Laternenstock.

Und so wird's gemacht:
Blase den Luftballon auf und knote ihn zu. Lege ihn in eine Schale mit dem Mundstück nach oben und stelle sie vor dir auf.

Überlege dir, welche Farbe dein Fisch bekommen soll. Vielleicht blau und rot? Dann brauchst du blaues und rotes Transparentpapier und ein bisschen gelbes für die Augen. Das Papier reißt du in Schnipsel, die ungefähr so groß sind wie ein Birkenblatt. Die Schnipsel tauchst du in den Kleister und klebst sie auf den Luftballon.

Kannst du dir ungefähr vorstellen, wo die Augen des Fisches hingehören? An diese Stellen klebst du gelbes Transparentpapier. Wenn du drei Schichten Papier übereinander geklebt hast, hängst du die Fischlaterne am Mundstück des Luftballons zum Trocknen auf. Am besten über Nacht.
Ist das Kleisterpapier getrocknet, kannst du den Luftballon mit einer Nadel zerstechen und vorsichtig aus der Laterne holen. Anschließend klebst du das verbleibende Loch mit etwas Transparentpapier zu.
Aus dem Tonpapier schneidest du eine schöne Schwanzflosse aus. Die klebst du dorthin, wo das Loch gewesen ist.

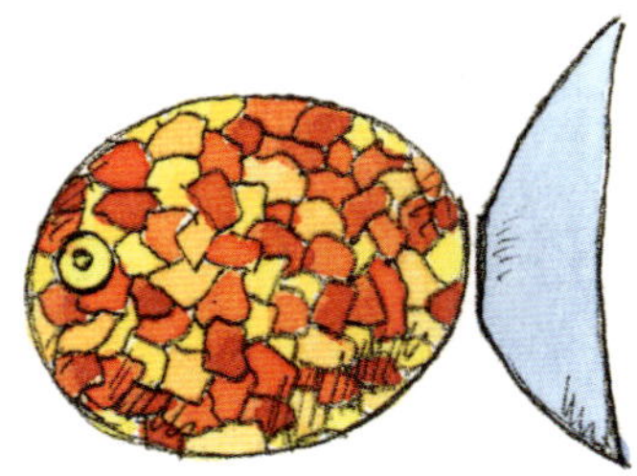

Nun ist der Fisch bereits gut zu erkennen. Damit eine Laterne daraus wird, musst du oben noch ein rundes Loch hineinschneiden. Es sollte doppelt so groß sein wie deine Hand, damit du später das Licht gut hineinstellen kannst.
Befestige nun den Draht über der Öffnung und hänge die Laterne an deinen Laternenstock. Befestige ein Teelicht am Boden der Laterne, also im Bauch deines Fisches. Lass dir beim Anzünden von einem Erwachsenen helfen. Nun leuchten die Augen deines Fisches genauso wie bei einem echten Laternenfisch.

Unterwasserlichter

2. Ich fuhr mit 'ner Nussschale über das Meer,
wollt von Gelting nach Amerika,
und so mittendrin, da staunte ich sehr,
da waren sie schon wieder da:

REFRAIN

3. Dann schwamm ich alleine die Elbe hinauf,
wie'n Taucher mit Flossen und Licht,
da riss ich ganz plötzlich die Augen weit auf,
was ich sah, das glaubte ich nicht:

REFRAIN

4. Hast du 'ne Laterne und kannst mit ihr gehen,
tritt langsam ans Wasser und dann
kannst du darinnen ein Licht leuchten sehn.
So fangen sie schon wieder an:

REFRAIN

Wissen: Leuchtendes Wasser

In der Ostsee gibt es Leuchtplankton, das auf Bewegung reagiert. In den schwedischen Schären kann man nachts das Meer zum Leuchten bringen, indem man badet.

Aber die Unterwasserlichter kann man auch sehen, wenn man mit der Laterne ans Meer oder an einen See tritt. Dann spiegeln sich die Lichter im Wasser und ihr Lied erklingt.

Novemberpunsch

Beim Martinsfest unter freiem Himmel kann es im November recht kalt werden. Ein bisschen Wärme für den Bauch bringt der Novemberpunsch. Das Rezept reicht für ca. 20 Portionen. Ihr braucht dafür:

3 Liter Wasser
1,5 Liter Apfelsaft
1,5 Liter Orangensaft
1 Zimtstange
2 Nelken
10 Teebeutel Früchtetee

Und so wird's gemacht:
Das Wasser zum Kochen bringen und die Teebeutel hineinhängen. Ca. 15 Minuten ziehen lassen. Die Zimtstange zerbröseln und mit den Nelken dazugeben. Den Saft erhitzen und den Punsch damit auffüllen. Wenn ihr mögt, könnt ihr auch noch ein paar Orangenscheiben schneiden und in den Punsch geben. Nehmt dafür bitte ungespritzte Orangen. Das sieht gut aus, schmeckt gut und macht wunderbar warm.

Rezept: Stockbrot

Wenn das Martinsfeuer knistert und alle nach dem Laternenumzug ein bisschen hungrig sind, gibt es nichts Schöneres als ein Brot, das am eigenen Stock geröstet wird. Das folgende Rezept reicht für ca. 35–40 Personen.

Zutaten:

2 kg Mehl
10 Eier
160 g Fett (Margarine)
4 Tütchen Trockenhefe
350 g Zucker
650 ml warme Milch

Zubereitung:

Die Trockenhefe mit Mehl und Zucker mindestens eine Stunde gehen lassen. Anschließend Eier, Milch und Margarine hinzugeben und kräftig kneten, bis kein Teig mehr an den Fingern haften bleibt. Diesen Teig zugedeckt 2–3 Stunden gehen lassen. Suche dir einen langen Stock und befestige den Teig am Ende. Kleiner Tipp: Wenn du aus dem Teig eine lange Wurst formst, kannst du ihn um das Stockende wickeln. Wer mag, bestreicht den Teig noch mit einer Glasur aus flüssiger Margarine und Zucker (250 g Margarine, 500 g Zucker). Dann hältst du den Stock mit dem Teig über das Feuer. Halte ihn nicht direkt in die Flammen, sonst verkohlt das Brot. Wenn der Teig leicht gebräunt ist, kannst du ihn probieren. Aber Vorsicht: Heiß!

Ich geh mit meiner Laterne

2. Ich geh mit meiner Laterne
und meine Laterne mit mir.
Dort oben leuchten die Sterne
und unten, da leuchten wir.
Der Hahn, der kräht,
die Katz miaut,
rabimmel, rabammel, rabumm.

3. Ich geh mit meiner Laterne
und meine Laterne mit mir.
Dort oben leuchten die Sterne
und unten, da leuchten wir.
Laternenlicht
verlösch mir nicht,
rabimmel, rabammel, rabumm.

4. Ich geh mit meiner Laterne
und meine Laterne mit mir.
Dort oben leuchten die Sterne
und unten, da leuchten wir.
Mein Licht ist aus,
wir gehn nach Haus,
rabimmel, rabammel, rabumm.

Wissen: Bilder am Himmel

Wenn du in einer klaren Nacht nach oben blickst, siehst du am Himmel viele leuchtende Punkte. Die meisten davon sind Sterne. Scheinbar hängen sie fest dort oben. Wenn sich die Leuchtpunkte bewegen, sind es keine Sterne, sondern Satelliten oder Flugzeuge. Wenn sie nur ganz kurz aufflackern, sind es Sternschnuppen. Das bedeutet, dass in diesem Moment ein kleiner Stein aus dem Weltall in die Lufthülle der Erde eindringt. Er fällt dann irgendwo auf der Welt auf den Boden oder ins Meer.
Die Sterne sind schon seit vielen tausend Jahren so zu sehen wie heute. Die Menschen haben sie schon immer gern betrachtet. Irgendwann haben sie angefangen, Bilder an den Himmel zu malen. In Gedanken natürlich. Sie haben sich einfach zwischen verschiedenen Sternen Linien gedacht. So entstanden die Sternbilder.
Nimm dir ein Stück Papier und einen Buntstift. Male mit dem Stift sieben Punkte auf das Papier. Nun suchst du dir einen Punkt aus und ziehst eine Linie von dort zum nächsten Punkt. Von diesem Punkt ziehst du eine weitere Linie zum dritten, dann zum vierten, zum fünften, zum sechsten und zum siebten. Vom siebten Punkt zeichnest du einen Strich zurück zum ersten. Sieh dir an, was du gemalt hast: Ein Bild ist entstanden. Was stellt es dar? Sieht es aus wie eine Blume? Oder eher wie ein großer Keks? Vielleicht ist es ein Tier? Oder sogar eine geheimnisvolle Gestalt aus einem Märchen? Genauso malten die Menschen Sternbilder. Natürlich kletterten sie nicht hinauf in den Himmel, um mit dem Bleistift Striche zu ziehen. Das würde auch nicht funktionieren, denn die Sterne sind viel zu weit weg. In Wirklichkeit sind die Sterne auch viel, viel größer. Sie sind sogar meistens größer als unsere Sonne. Tatsächlich sind alle Sterne, die wir sehen können, riesige Sonnen. Aber wie malen die Menschen nun die Sternbilder?

Nimm deinen Stift und dein Stück Papier mit nach draußen, wenn die Sterne zu sehen sind. Du brauchst diesmal auch eine Taschenlampe, sonst kannst du nicht zeichnen. Versuche ein paar von den Sternen auf dein Papier zu malen. Wenn du wieder im Haus bist, verbinde die Punkte wie bei deinem ersten Bild. Nun hast du dein eigenes Sternbild entdeckt.
Es gibt viele Sternbilder. Das bekannteste ist der „Große Wagen". Er besteht aus sieben Sternen und du kannst ihn in jeder klaren Nacht gut sehen. Der Wagen besteht aus einem viereckigen Kasten mit einem Stern an jeder Ecke. Am Kasten steckt eine Stange, die von drei Sternen gebildet wird. Wenn du ein bisschen suchst, findest du den Wagen noch einmal in einer kleineren Ausgabe am Himmel. Der „Kleine Wagen" liegt dem großen gegenüber und scheint auf dem Kopf zu stehen.
Die Sternbilder zeigen Tiere, Menschen und Fabelwesen. Manche Sternbilder zeigen auch Gegenstände wie Musikinstrumente. Auf dem großen Suchbild kannst du sie dir ansehen. Findest du sie am Himmel wieder?

Mein Sternenhimmel
Flugzeug
Satellit

Diese Sternbilder kannst du am besten im Herbst am Nachthimmel sehen:

Sternschnuppen

REFRAIN

2. Kommen die vom Mond,
wo sonst keiner wohnt?
Oder hat die Nacht
sich kurz Licht gemacht?
Wollt nicht mehr allein
so im Dunkeln sein.

REFRAIN

3. Oder ist ihr Glanz
wohl ein Sternentanz,
der sie schweifen lässt
übers Himmelsfest?
Wenn sich Sterne drehn,
kann ich sie dann sehn?

REFRAIN

4. Wünsch dir was von ihr.
Sie erfüllt es dir,
wenn du nicht vergisst,
dass du schweigsam bist.
Zähl noch schnell bis drei
1 – 2 – 3, schon sind sie vorbei.

REFRAIN

Sternschnuppen fangen

Natürlich kannst du keine echten Sternschnuppen fangen, aber das Lied lädt dich ein, ein bisschen davon zu träumen. Zum Refrain kannst du Bewegungen machen:

„Sternschnuppen fallen vom Himmel"
Die Hände hoch recken und nach den Sternschnuppen greifen.
„Sternschnuppen leuchten hell in der Nacht"
Mit den Händen einen großen Bogen beschreiben, der über dem Kopf beginnt und an deinen Seiten endet.
„Ich hab 'nen Sternschnuppenfimmel"
Mit den Händen vor dem Gesicht wedeln und so einen „Fimmel" andeuten.
„Feuerwerk der Sterne, ich wüsste so gerne" *Die Finger bewegen sich, während die Hände langsam von unten nach oben steigen.*
„wie der große Sternschnuppenwerfer euch macht" *Einen Wurf andeuten.*
In den Strophen hörst du zu. Und vergiss nicht, dir am Ende etwas zu wünschen. Hoffentlich geht dein Wunsch in Erfüllung!

Sternenmusik

Die Sternenmusik machst du selbst mit deinen Freunden. Ihr braucht dafür Instrumente, die lange klingen. Das kann eine Triangel sein oder ein Klangstab aus Metall. Ein Gong funktioniert auch. Sucht euch einen Platz, von dem aus der Himmel gut zu sehen ist, z. B. am Strand, auf dem Feld oder auf einem Hügel. Ihr beginnt nach Sonnenuntergang, wenn noch kein Stern zu sehen ist. Verteilt euch im Gelände so, dass ihr euch gegenseitig noch hören könnt. Nun wartet ihr mit eurem Instrument auf den ersten Stern. Wer ihn entdeckt, spielt einen Ton auf seinem Instrument. Die anderen versuchen, den Stern ebenfalls zu finden. Wenn sie ihn entdeckt haben, lassen auch sie ihr Instrument erklingen. Dieses Spiel wiederholt sich bei jedem neu aufgehenden Stern. Am Anfang sind die Abstände noch sehr groß. Je dunkler es wird, desto mehr Sterne gehen auf und desto häufiger erklingt die Sternenmusik. Am Ende könnt ihr in einer klaren Nacht über 2500 Sterne sehen und natürlich auch hören.

Delfin und Silbermond

Wenn du eine große Muschel an dein Ohr hältst (ein Becher tut es manchmal auch), dann hörst du darin das Meer rauschen. Schließe die Augen und stelle dir vor, du bist am Strand und das Meer liegt vor dir. Riesengroß. Es ist Nacht. Der Vollmond lässt sein silbernes Licht über das Wasser glitzern. Die Sterne funkeln. Meeresduft kitzelt in deiner Nase und von fern hörst du eine sanfte Stimme, die singt:

Schau, wie der Silbermond lautlos versinkt.
Wenn du die Augen schließt, hörst du,
wie es klingt.
Mach du die Augen zu.

Woher kommt diese Stimme? Du möchtest es wissen. Also ziehst du einen Taucheranzug an. Einen besonderen Taucheranzug, der innen ganz weich und kuschelig ist. Er wärmt dich am ganzen Körper. Vorsichtig setzt du einen Fuß in die Wellen und gehst langsam ins Wasser hinein.

Ein Delfin taucht neben dir auf. Du ergreifst seine Rückenflosse und lässt dich fortziehen. Das Wasser umspült deinen warmen Körper. In deinem Ohr klingt immer noch sanft das Lied.

Schau, wie der Silbermond lautlos versinkt.
Wenn du die Augen schließt, hörst du,
wie es klingt.
Mach du die Augen zu.

Der Delfin taucht tief hinab. Das Mondlicht ist unter Wasser nur noch schwach zu erkennen. Dafür glitzern die kleinen Fische, die euch begleiten. Dort an den Felsen siehst du seltsame Wesen mit vielen Armen, die sich bewegen. Manchmal sieht es aus, als würden die Arme dir zuwinken. Dann entdeckst du eine Muschel am Meeresgrund. Ob sie wohl einen Schatz verbirgt? Dann taucht der Delfin wieder auf. Im Mondlicht glitzert sein glänzender Körper. Du möchtest dir den Delfin genauer ansehen,

deshalb lässt du seine Rückenflosse los. Nanu? Du schwimmst ja von selbst? Es ist dein Taucheranzug, der dich sanft und sicher trägt.
Du lässt dich auf dem Wasser treiben. Der Delfin macht ein paar Luftsprünge. Als wollte er sagen: „Sieh nur, was ich alles kann!“ Im Hintergrund hörst du immer noch leise das Lied.

Schau, wie der Silbermond lautlos versinkt.
Wenn du die Augen schließt, hörst du,
wie es klingt.
Mach du die Augen zu.

Das Lied ist nun viel deutlicher zu hören. Es klingt ungewöhnlich, so als würde jemand unter Wasser singen. Der Delfin stupst dich mit seiner Schnauze an.
Er möchte dir sagen, dass die Reise weitergeht. Du umfasst wieder die Rückenflosse. Gemeinsam schwimmt ihr auf den Silbermond zu.
Nach kurzer Zeit stoßen zwei weitere Delfine zu euch. Es ist, als ob sie den Weg schon oft geschwommen wären. Ganz weit weg siehst du einen großen Schatten. Er springt aus dem Wasser und verschwindet wieder darin. Ihr kommt näher und trefft noch mehr Tiere. Nicht nur Delfine, auch Wale sind dabei. Alle schwimmen sie in die Richtung, aus der die Stimme zu hören ist.

Schau, wie der Silbermond lautlos versinkt.
Wenn du die Augen schließt, hörst du,
wie es klingt.
Mach du die Augen zu.

Aber es ist nicht nur eine Stimme. Plötzlich hörst du ganz viele freundliche Stimmen.
„Na endlich, jetzt kannst du uns hören.“
Was ist das? Hat da jemand gesprochen?, fragst du dich.
„Hier neben dir.“
Nanu? Kann jemand meine Gedanken lesen?

„Du hältst dich an meiner Rückenflosse fest“, antwortet die Stimme.
Ach, du bist das. Seit wann können Delfine sprechen?
„Wir können nicht sprechen. Aber du kannst unseren Gesang verstehen.“
Das Lied singt ihr?
„Alle Wale und Delfine singen es, wenn der große Silbermond am Himmel steht.“
Warum führst du mich hierher?
„Manchmal können die Menschen nicht einschlafen und darum singen wir sie in den Schlaf. So habt ihr eine gute Nacht und wir haben unsere Ruhe vor euren Harpunen.“
Aber ich würde euch doch niemals jagen. Ich bin doch ein Freund. Ich liebe Delfine. Und Wale.
„Das weiß ich. Aber es gibt eine Zeit, da sind wir gerne ungestört. Vor zu vielen Harpunen und zu viel Liebe.“
Die Stimmen, unzählbar viele, sind jetzt ganz nah.

Schau, wie der Silbermond lautlos versinkt.
Wenn du die Augen schließt, hörst du,
wie es klingt.
Mach du die Augen zu.

Schließlich hält der Delfin an. Du blickst um dich und siehst unzählige Wale und Delfine. Manche tragen Menschen auf ihrem Rücken. Alle haben sich um einen großen Blauwal versammelt. Du hörst ihn nicht. Aber du spürst seine Stimme in dir.

Schau, wie der Silbermond lautlos versinkt.
Wenn du die Augen schließt, hörst du,
wie es klingt.
Mach du die Augen zu.

Und dann taucht dein Delfin mit dir hinab ins Land der Träume.

Silbermond

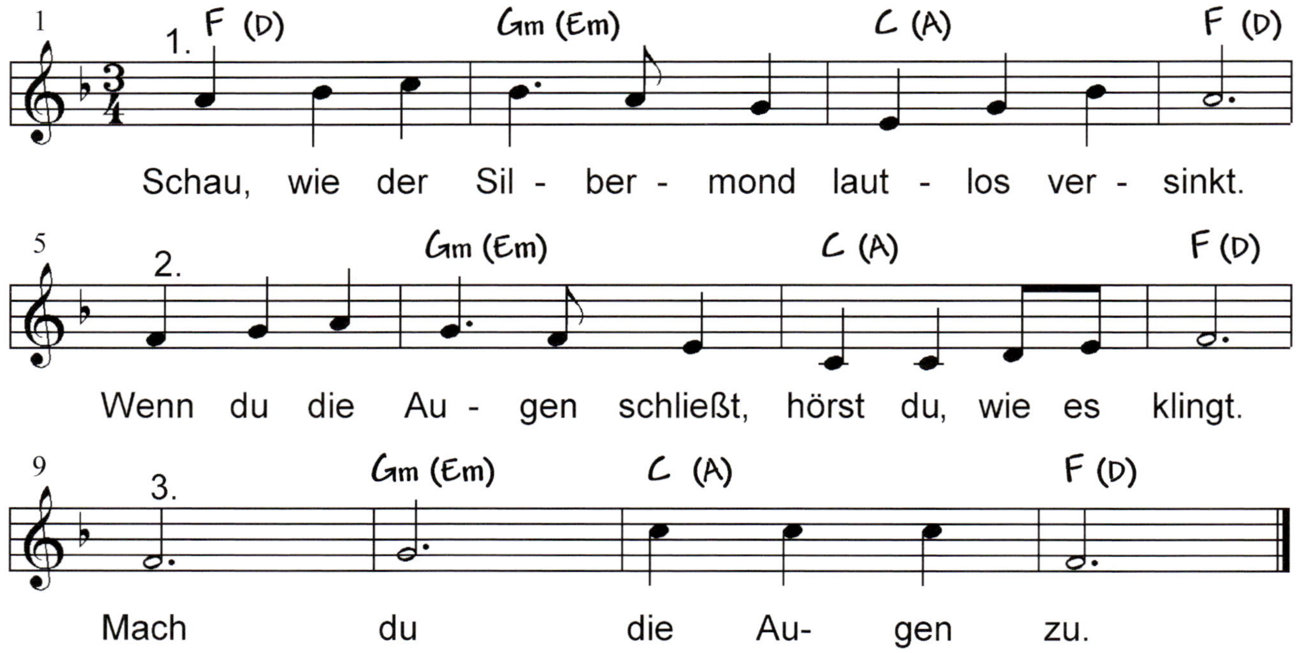
1. F (D) Gm (Em) C (A) F (D)
Schau, wie der Sil - ber - mond laut - los ver - sinkt.
2. Gm (Em) C (A) F (D)
Wenn du die Au - gen schließt, hörst du, wie es klingt.
3. Gm (Em) C (A) F (D)
Mach du die Au- gen zu.

Mondkanon

Dieses Lied könnt ihr zwei- oder dreistimmig singen. Die erste Gruppe beginnt mit der ersten Zeile. Wenn sie die zweite Zeile erreicht hat, beginnt die zweite Gruppe von vorn. Wenn diese mit der ersten Zeile fertig ist, beginnt die dritte Gruppe. Vereinbart vorher ein Schlusszeichen, um das Lied zu beenden.
Wenn ihr noch nicht so große Erfahrungen mit dem Kanonsingen habt, könnt ihr es auch anders probieren: Eine Gruppe singt die ganze Zeit „Mach du die Augen zu.“ Die andere Gruppe beginnt dazu mit „Schau, wie der Silbermond“ und singt das ganze Lied. Schön klingt es auch, wenn die erste Gruppe von den Eltern und die zweite Gruppe von den Kindern und Erzieherinnen gestellt wird. Und wenn dazu noch der Mond scheint, wird das ein unvergessliches Erlebnis.

© Matthias Meyer-Göllner

© Ines Rarisch

Matthias Meyer-Göllner

entwickelte schon während des Studiums der Sonderpädagogik mit Schwerpunkt Musik sein Engagement für Kinderlieder. 1993 gründete er den „MusiKinderladen“ in Kiel, wo er mit Kindern in verschiedenen Projekten arbeitet. In Mitmachkonzerten, Familienworkshops, Musikveranstaltungen und Kindertagesstätten tritt er 150-mal im Jahr auf. Er führt Musicalprojekte in Zusammenarbeit mit Schulen durch und gibt seine Erfahrungen in Seminaren und Fortbildungsveranstaltungen für ErzieherInnen und LehrerInnen weiter.

Ines Rarisch

1964 in Düsseldorf geboren, studierte Grafik-Design und Illustration. Sie arbeitete zunächst als Grafikerin für Werbung und Schulbuchverlage. Später machte sie sich selbstständig und gestaltet seit 1999 erfolgreich Kurzgeschichten, Bilderbücher und Tonträger für Kinder.

Weitere Titel von Matthias Meyer-Göllner und unser Gesamtprogramm finden Sie unter www.jumbo-medien.de

Buch ISBN 978-3-8337-2052-9

CD ISBN 978-3-8337-1935-6

CD ISBN 978-3-8337-2076-5

Buch ISBN 978-3-8337-1622-5

Wen stört der Pladderregen draußen, wenn sich die Zeit mit Wolkenspringen, Tropfenmassage oder dem Regenwurmlied vertreiben lässt? Die musikalische Wasserreise mit Spielideen und Mitmachliedern nimmt ein alltägliches Naturphänomen altersgerecht unter die Lupe, macht es fassbar und verständlich. Regentröpfchen Plock – quirlig, neugierig, gummibestiefelt – führt in heiteren Tusche-Illustrationen durch den Wasserkreislauf. Der Herbst kann kommen. *Börsenblatt*

CD ISBN 978-3-8337-1104-6

... ist eine wunderbare musikalische Entdeckungsreise und lehrt gleichzeitig den Wasserkreislauf.
Hamburger Abendblatt

CD ISBN 978-3-8337-1369-9

Vielfältig ist Meyer-Göllners musikalisches Ensemble mit Banjo und Kontrabass, die von ihm gewählten Formen und Stile bunt und in sich immer wieder gebrochen. Rock und Funk, Dudelsack und verstimmte Westernsaloon-Klaviere sind sein Handwerkszeug. *FONO FORUM*

Ausgezeichnet mit 5 Trompeten

Es ist einfach cool zuzuhören, wie so viele Instrumente auf einmal spielen, vom Dudelsack bis zum Cello ist einfach alles dabei. Die Musik ist halt klasse. *hr-Kinderjury*

CD ISBN 978-3-8337-1835-9